환경아 놀자 플레이북 ❶

# 깨끗한 물이 되어 줘!

환경교육센터 • 장미정 글 | 김순효 그림

한울림어린이

# 차례

환경이 뭐예요? • 4쪽

**환경만화** 슬픔에 빠진 방울이 ················ 5쪽

**플레이북** 깨끗한 물이 되어 줘!

| | |
|---|---|
| 나는 누구일까요? | 28쪽 |
| 짝을 찾아 주세요! | 29쪽 |
| 지구가 아파요! | 30쪽 |
| 물방울 친구들에게 무슨 일이 있었던 걸까요? | 32쪽 |
| 방울이 구출 작전 | 34쪽 |
| 자연 하천, 인공 하천이 뭐예요? | 36쪽 |
| 맑은 물을 오염시키는 거품이와 펑펑이! | 38쪽 |
| 맑은 물을 보호하는 지킴이! | 40쪽 |
| 범인을 찾아라! | 42쪽 |
| 바다야, 미안해! 우리가 지켜 줄게! | 44쪽 |
| 내가 만드는 환경 동화 | 46쪽 |

 환경 체험 놀이

# 초록별 지구를 지켜라!

빗노리를 들어요!     54쪽

내 몸에 필요한 물     56쪽

깨끗한 물이 필요해요!     58쪽

하천에서 놀아요!     60쪽

자연을 생각하는 초록 여행     62쪽

### 교사 부모 활용 가이드

주제나무 • 64쪽
선생님과 부모님께 드리는 글 • 65쪽
본문 해설 • 66쪽

## 환경이 뭐예요?

나무, 사과, 집, 친구,
이런 건 말만 들어도 모양이 딱 떠오르니까 알기 쉬운데, 환경은 뭔지 알쏭달쏭하지요?
정해진 모양이 없으니까 떠오르는 것도 없고.
그래도 알고 보면 그렇게 어렵지는 않답니다.

자, 지금 주위를 둘러보세요.
무엇이 보이나요? 책, 책상, 장난감, 작은 화분, 화분 속에서 자라고 있는 식물, 벽시계,
책 읽고 있는 엄마, 블록놀이에 푹 빠져 있는 동생, 창문 밖 키 큰 나무, 나무가 서 있는 놀이터,
놀이터 앞으로 지나가는 자동차, 건널목을 건너는 사람들, 저 멀리 흰 구름 두둥실 떠 있는 하늘……
휴, 너무 많지요? 이렇게 우리 주위에 있는 모든 것,
그러니까 우리를 둘러싸고 있는 모든 것을 '**환경**'이라고 해요.
물론 사람도 환경의 일부이지요.

우리를 둘러싸고 있는 환경에는 사람들의 힘으로 만들어진 것도 있고,
원래부터 스스로 있었던 것도 있어요.
사람이랑 상관없이 원래부터 스스로 있었던 것을 '**자연**'이라고 한답니다.
물, 공기, 하늘, 구름, 산, 강, 식물, 동물, 이런 것이 자연이지요.

그런데 언제부턴가 자연이 시름시름 앓기 시작했어요.
사람들이 편리한 생활을 위해 자연을 함부로 이용하고, 함부로 대했기 때문이에요.
이제는 많은 사람들이 '자연이 아프면 환경이 아프고,
환경이 아프면 사람도 아프다'는 사실을 알게 되었어요.
그러니 사람도, 자연도, 환경도 모두 살릴 수 있는 방법을 찾아야겠지요.

아우, 어려워. 아직도 잘 모르겠다고요?
걱정 말아요. 이 책을 읽으면서 푸름이와 함께 환경 여행을 하고 나면
환경이 뭔지 잘 알게 될 거예요!

빛고운 언덕에 사는 방울이와 콩돌이는 서로 가장 소중한 친구예요.

그런데 어느 날부터 콩돌이가 시름시름 앓기 시작했어요.

왜 방울이와 놀고 오면 온몸이 아프지?

하지만 결국 콩돌이는 죽고 말았어요.

방울이는 종달새의 말에 큰 상처를 받았어요. 그래서 그만 구름 속으로 들어가 숨어 버렸어요.

방울아, 울지 마!

글썽~

친구들이 나 때문에…

그런데 구름 속에는 크고 작은 상처를 입은 물방울부터 몸이 아픈 물방울까지 아픈 친구들투성이었어요.

너덜 너덜

난 몰라~

아이고, 머리야!

후~우~

흑흑!

얘들아, 도대체 무슨 일이야?

방울이는 또다시 흘러 흘러 하천으로 갔어요.

그런데 그곳에는 동물농장에서 흘러나온 배설물이 방울이를 기다리고 있었어요.

으악- 똥이다!!

방울이는 코를 막고 하천을 겨우 빠져나왔어요.

숨 막혀!

그런데 이건 또 뭐죠?

강에 도착해 보니 기름이 둥둥 떠 있는 시커먼 물이 공장에서 콸콸 쏟아져 나오는 거예요.

공장에서 쏟아져 나온 시커먼 물과 사람들이 쓰고 버린 세제 때문에 강물은 뿌옇고, 거품이 부글부글했어요.

숨을 쉴 수가 없어! 어떡해!

헉헉!!

"맞아, 콩돌이도 내가 더러워져서 그렇게 아팠던 거야!"

방울이는 마음을 단단히 먹고 다시 구름에게 말했어요.

"구름아, 나를 바다에 내려 주지 않을래? 다시 바다에서 깨끗한 모습으로 돌아가고 싶어!"

"알았어, 방울아! 내가 데려다 줄게."

갑자기 무시무시한 소리가 나더니 큰 배가 물속으로 가라앉기 시작했어요.
그러고 나서 시커먼 기름이 끝없이 쏟아져 나오는 거예요.

그때 갑자기 누군가 방울이의 손을 잡아끌었어요. 방울이는 몸이 두둥실 떠올랐거요.

지난번 구름 속에서 만났던 입 큰 물방울이
방울이를 깊은 바다 속에서 끌어 올리고 있었던 거예요.

입 큰 물방울은 방울이에게 자신이 겪은 일을 말해 주었어요.

내가 다녀온 곳은 땅이 모두 쩍쩍 갈라지고 온통 모래로 뒤덮인 곳이었어.

풀이랑 나무는 다 죽어 가고 있고, 누런 모래바람만 불고 있었어.

방울이는 용기를 내어 다시 구름을 찾아갔어요.

구름아, 나를 다시 숲에 내려 주지 않을래?

알았어. 금방 데려다 줄게.

구름은 공기가 맑고 나무가 울창한 푸른 숲에 방울이를 내려 주었어요.

방울이는 마음속으로 다짐했어요.

콩돌아, 하늘나라에서 지켜봐 줘. 내가 꼭 빛고운 언덕을 살기 좋은 곳으로 바꿀 테니까.

# 나는 누구일까요?

# 짝을 찾아 주세요!

물은 흐르고 흘러 마지막에는
넓은 (     )에 모여요.

비

태양이 내리쬐면 물은 수증기가
돼요. 수증기는 공중에 떠 있거나
하늘로 올라가 (     )이 되지요.

바다

구름은 무거워지면 (     )가
되어 다시 땅으로 내려와요.

눈

겨울에 날씨가 추워지면 비 대신
(     )이 내리기도 해요.

구름

물은 이렇게 여러 가지 모양으로 우리 가까이에 있단다.

# 지구가 아파요!

# 물방울 친구들에게 무슨 일이 있었던 걸까요?

빈칸에 알맞은 말을 넣어 물방울 친구들의 이야기를 완성해 보세요!

물방울 친구들에게 많은 일이 있었구나! 34쪽에서 친구들의 도움을 받으면 모두 다시 깨끗해질 거야!

작은 마을을 지나는 하천을 지나왔어. 몇 년 전까지만 해도 그 하천에는 물고기 친구들이 아주 많았는데, 지금은 부글부글 더러운 (     )이 생기고 고약한 냄새까지 나더라고.

난 사람들이 쓰고 버린 (     )를 태우는 곳을 지나왔어! 멀리서 바라볼 때는 정말 산인 줄 알았는데 (     )를 쌓아 둔 곳일 줄이야.

① 자동차

② 공장

③ 쓰레기

④ 거품

33

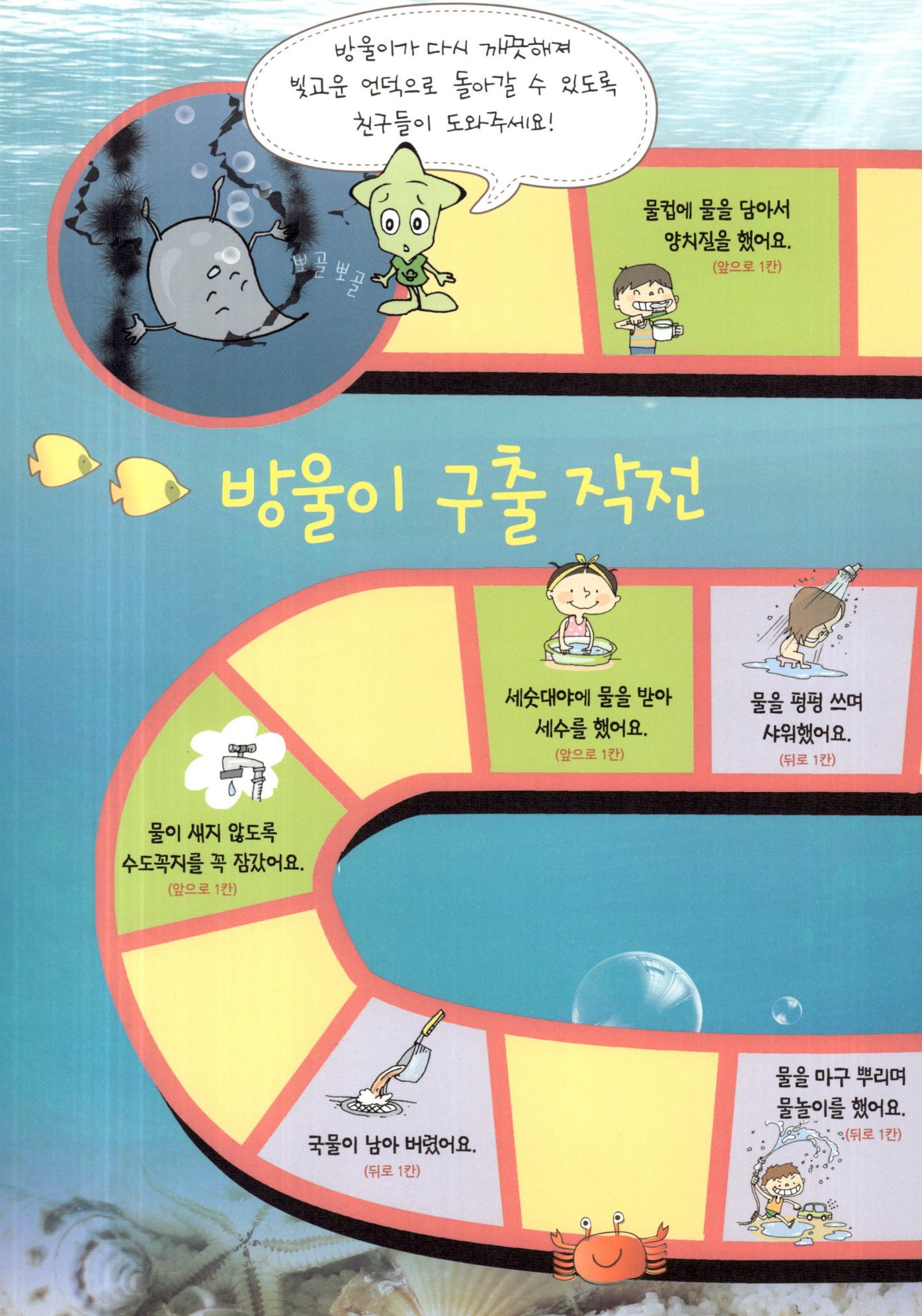

〈게임 방법〉
- 동전을 던져서 앞면이 나오면 앞으로 2칸, 뒷면이 나오면 앞으로 1칸 갑니다.
- 물을 절약하는 행동을 만나면 앞으로 1칸, 낭비하는 행동을 만나면 뒤로 1칸 갑니다.

나무를 심었어요.
(앞으로 1칸)

쓰레기를 아무 데나 버렸어요.
(뒤로 1칸)

분리수거를 했어요.
(앞으로 1칸)

샴푸를 많이 썼어요.
(뒤로 1칸)

씨앗을 뿌렸어요.
(앞으로 1칸)
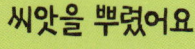

# 자연 하천, 인공 하천이 뭐예요?

왼쪽과 오른쪽의 그림에서 서로 다른 점을 찾아 동그라미를 쳐 보세요.

# 맑은 물을 보호하는 지킴이!

오늘은 얼마나 환경 약속을 지켰나요?
지킴이와 한 환경 약속을 실천한 수만큼
지킴이 붙임딱지를 붙여 주세요.

### 안녕! 나는 지킴이라고 해.

나는 우리 친구들이 물을 아껴 쓰고, 물을 오염시키는 행동을 줄이면 언제든지 날아와서 펑펑이와 거품이를 없애 버릴 수 있어! 내가 많아지면 바다에 사는 물고기도, 하천 주변에 사는 식물도, 그리고 사람들도 모두 맑은 물을 마실 수 있어. 얘들아, 너희도 나와 함께 맑은 물을 보호하는 지킴이가 되지 않을래? 자, 지금부터 나와 환경 약속을 하고, 매일매일 실천하는 거야!

### 지킴이와 함께하는 환경 약속

컵을 사용해서 양치했어요! (지킴이 1개)
세숫물을 받아 세수했어요! (지킴이 2개)
음식물을 남기지 않고, 국물을 버리지 않았어요! (지킴이 5개)
음료수나 물을 남겨서 버리지 않았어요! (지킴이 2개)
샤워할 때 물을 계속 틀어 놓지 않았어요! (지킴이 3개)

맑은 물을 보호하는 행동에는 또 무엇이 있을까요?
가족 모두 함께 할 수 있는 일에는 무엇이 있을까요?

------

------

# 범인을 찾아라!

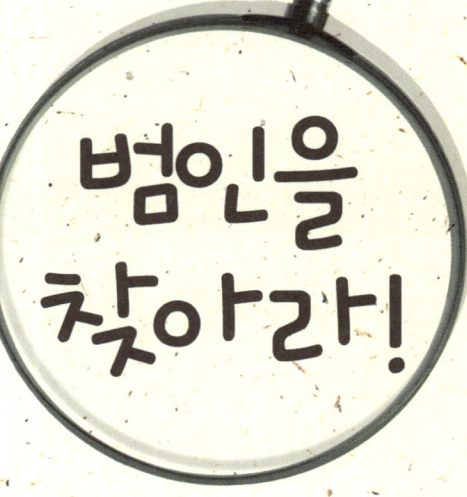

바다에 무슨 일이 생긴 걸까요?
바다 친구들을 아프게 한 범인을 찾아 주세요!

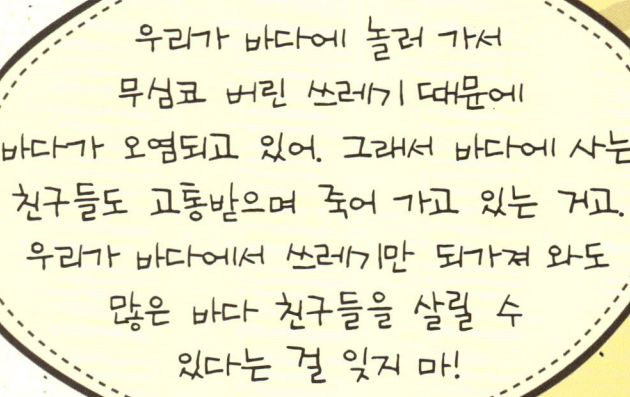

으아~,
예쁜 바닷새와
물고기들이 많이 힘들어하고
있잖아! 불쌍한 아기 새는
음식을 씹을 수도 없겠어.
어쩌면 좋아~

우리가 바다에 놀러 가서
무심코 버린 쓰레기 때문에
바다가 오염되고 있어. 그래서 바다에 사는
친구들도 고통받으며 죽어 가고 있는 거고.
우리가 바다에서 쓰레기만 되가져 와도
많은 바다 친구들을 살릴 수
있다는 걸 잊지 마!

# 바다야, 미안해! 우리가 지켜 줄게!

**2007년 12월, 우리나라 서해안에 기름 오염 사고가 일어났어요.**

2007년 12월 7일, 유조선 충돌 사고로 기름에 덮여 죽어 가고 있는 뿔논병아리.

많은 사람들이 바다를 살리기 위해 서해안으로 몰려들어 열심히 기름을 닦아 냈지만, 완전히 깨끗해질 수는 없었어. 이미 오염된 곳이 다시 깨끗해지는 데에는 시간이 많이 필요하거든.

# 내가 만드는 환경 동화

제목 :
이름 :
날짜 :

난 넓은 바다를 품은 지구에 살고 있는 (　　　　　)라고 해.

깨끗한 물을 지키기 위한 나만의 환경 동화를 만들어 볼까요?
책 속에 동화의 제목, 만든 사람 이름, 만든 날짜를 써 넣고,
빈 곳에 글과 그림을 넣어 동화를 완성해 보세요.
또 푸름이와 환경지킴이가 되겠다는 약속도 해 보세요.

바다는 꼭 수박 같아! 먹을 수는 없지만,
무더운 여름날 우리를 시원하게 해 주니까!

바다는 꼭 선풍기 같아! 전기가 없어도 바람과 파도가
바다를 따라다니면서 시원하게 해 주니까!

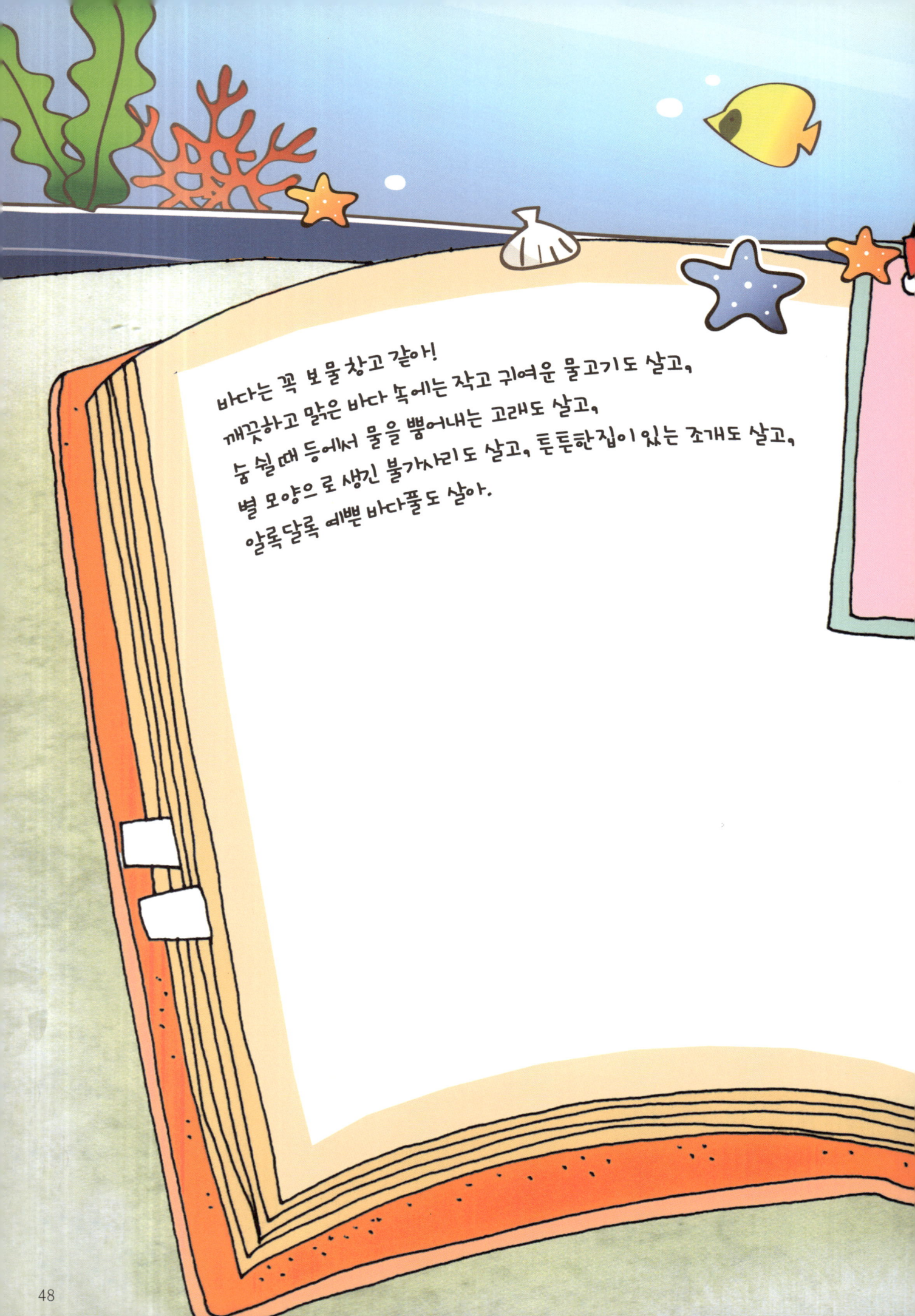

바다는 꼭 보물 창고 같아!
깨끗하고 맑은 바다 속에는 작고 귀여운 물고기도 살고,
숨 쉴 때 등에서 물을 뿜어내는 고래도 살고,
별 모양으로 생긴 불가사리도 살고, 튼튼한 집이 있는 조개도 살고,
알록달록 예쁜 바다풀도 살아.

그런데 요즘 바다가 많이 아프대. 푸름이가 그러는데,
우리가 바다를 잘 돌보지 않아서 그런 거래.
아무래도 내가 바다를 얼마나 사랑하는지 보여 줘야겠어!
그래서 바다를 사랑하는 '나의 약속'을 만들기로 했어.

약속 하나,
바다에 놀러 가서
쓰레기는 버리지 않고,
집으로 가져올 거야.

약속 둘,

• 환경 체험 놀이 •

# 초록별 지구를 지켜라!

초록별 지구를 지키는 체험 놀이 ❶

# 빗소리를 들어요!

- 놀이 목표　(1) 비를 통해 물의 특성을 오감으로 체험한다.
- 　　　　　(2) 물의 느낌을 표현한다.
- 준비물　　우비, 양동이, 세숫대야
- 장소　　　큰 창문이 있는 실내, 숲, 어디에서나 가능

## 놀이 방법

① 비 오는 날 창문을 열고 빗소리를 들어 본다. 빗소리를 소리로 표현해 보거나 〈놀이공책〉에 그림이나 글로 표현해 본다.

② 우비를 입고 가까운 놀이터나 공원에 나가서 가만히 눈을 감고 빗물이 내 몸에 떨어지는 소리를 들어 보고, 그 소리를 흉내 낸다.

③ 가만히 눈을 감고 비가 땅에 떨어지는 소리를 들어 보고, 그 소리를 흉내 낸다.

④ 비가 땅에 떨어질 때 어떤 느낌이 들지 상상한 뒤, 그 느낌을 몸으로 표현해 본다.

⑤ 빗물이 떨어지는 소리가 잘 날 것 같은 양동이나 세숫대야를 준비해서 양동이에 떨어지는 빗소리, 세숫대야에 떨어지는 빗소리를 듣고 흉내 낸다.

⑥ 빗물이 고인 웅덩이를 찾아, 맨발로 들어가 소리를 만들어 본다.

⑦ 집으로 돌아와 흉내 낸 소리를 〈놀이공책〉에 정리한다.

⑧ 비가 그치고 나서 풍경을 관찰한 뒤 달라진 점을 이야기하고, 그것을 그림으로 표현해 본다.

**확장 놀이**　집 안에 식물이 있다면 비를 맞을 수 있도록 밖에 내어놓거나, 빈 그릇에 빗물을 받아 30분 정도 가라앉힌 뒤 물을 주는 활동을 해 본다.

이름 :                          날짜 :

장소 :                          날씨 :

함께한 사람 :

## 빗소리 표현하기

- 집 안에서 들리는 빗소리
- 빗물이 내 몸에 떨어지는 소리
- 빗물이 땅에 떨어지는 소리
- 빗물이 양동이에 떨어지는 소리
- 빗물이 세숫대야에 떨어지는 소리
- 빗물 웅덩이에서 내가 만든 소리

비 오는 풍경은 잘 관찰했나요? 그럼 생각나는 모습을 그려 보세요.

&lt;비 오는 동안&gt;                    &lt;비가 그친 뒤&gt;

### 함께 생각해 보세요!

* 무더운 여름에도 비가 오지 않으면 어떻게 될까요?
* 비가 그치고 하늘이 갠 뒤 무엇이 달라졌나요?

초록별 지구를 지키는 체험 놀이 ❷

# 내 몸에 필요한 물

- 놀이 목표   (1) 일상생활에서 물이 얼마나 다양하게 사용되는지를 안다.
- (2) 물의 중요성을 깨닫고, 물을 아끼고 보호하는 방법을 찾는다.
- 준비물   물방울 붙임딱지(크기가 큰 것과 작은 것)
- 장소   집, 유치원이나 어린이집

## 놀이 방법

① 〈놀이공책〉에 내 모습을 꽉 차게 크게 그린다.

② 내 몸을 위해 언제, 어디서, 어떻게 물을 사용했는지 이야기해 본다.

③ 하루 동안 물을 사용할 때마다 〈놀이공책〉의 내 몸 위에 물방울 붙임딱지를 붙인다.
(예를 들어 물을 마시면 입에, 화장실에서 물을 내렸으면 엉덩이에, 물장난을 했으면 손에 붙임딱지를 붙인다.)
많이 사용한 곳에는 큰 물방울 붙임딱지를, 적게 사용한 곳에는 작은 물방울 붙임딱지를 붙인다.

④ 유치원이나 어린이집, 놀이터나 친구 집에서 사용한 물도 기억해서 붙인다.

⑤ 내가 붙인 붙임딱지를 보면서 오늘 하루 동안 물을 어떻게 사용했는지 이야기해 본다.

⑥ 부모나 교사는 아이들이 생각하지 못한 곳에도 물이 쓰였다는 것을 알려 준다.
(아이들이 먹은 음식의 재료를 농부 아저씨들이 기를 때나 엄마가 음식을 할 때, 그릇을 설거지할 때, 오늘 입은 예쁜 옷을 공장에서 만들 때, 더러워진 옷을 빨아야 할 때, 우리가 살고 있는 집을 지을 때 등.)

⑦ 하루 동안 붙인 붙임딱지의 수를 함께 세어 본 뒤, 우리가 조금씩 사용하는 물이 하루 동안 모이면 얼마나 많은 물이 될 수 있는지 이야기해 본다.

⑧ 만약 물이 없다면 어떤 일이 생길지 이야기해 본다.

⑨ 물이 우리에게 얼마나 소중한 존재인지 깨닫고, 앞으로 소중한 물을 아껴 쓰고 깨끗이 사용하기 위한 실천 약속을 정한다.

이름 :　　　　　　　　　　　날짜 :

장소 :　　　　　　　　　　　날씨 :

함께한 사람 :

## 내 몸에 사용한 물 그리기

(예)

- 오늘 내 몸에 사용한 물 : 큰 물방울 (　　) 개, 작은 물방울(　　) 개

### 함께 생각해 보세요!

* 오늘 하루 물을 많이 사용했나요, 적게 사용했나요?
* 만약 오늘 물이 없었다면 어떤 일이 생겼을까요?

초록별 지구를 지키는 체험 놀이 ❸

# 깨끗한 물이 필요해요!

- 놀이 목표　　(1) 오염된 물이 식물에 어떤 영향을 미치는지 안다.
　　　　　　　(2) 깨끗한 물의 중요성을 안다.
- 준비물　　　컵 2개, 셀러리, 물, 색깔이 있는 주스(포도 주스, 오렌지 주스)
- 장소　　　　집, 식탁

## 놀이 방법

① 셀러리의 뿌리 부분을 잘라 내고, 남은 줄기의 밑부분에서부터 잎이 돋아나는 쪽 방향으로 5cm를 남겨 두고 줄기를 세로로 반을 가른다.
② 한쪽 컵에는 물을, 또 다른 한쪽 컵에는 포도 주스를 부어 놓는다.
③ 각각의 컵에 셀러리 줄기를 하나씩 담근 채 2시간 이상 놓아둔다.
④ 2시간 뒤 셀러리를 꺼내어 잘린 줄기 부분의 색깔을 관찰한다.
　깨끗한 물에 넣어 둔 것과 주스에 넣어 둔 것을 비교해 본다.
⑤ 각각의 셀러리를 먹어 보고 맛을 비교해 본다.
⑥ 사람들이 버린 쓰레기나 오염 물질 때문에 더러워진 물을 먹은 식물이나 나무들이 어떻게 될지 이야기해 본다.
⑦ 오염된 물을 먹은 채소나 과일을 사람들이 먹으면 어떻게 될지 이야기해 본다.
　오염된 물을 마셔도 처음에는 그 맛을 금방 느낄 수 없지만, 그것이 몸에 쌓이고 쌓이면 몸이 점점 아플 수 있다는 것을 이야기해 준다.
⑧ 깨끗한 물이 얼마나 중요한지, 깨끗한 물을 지키기 위해 할 수 있는 일은 무엇인지 생각해 본다.

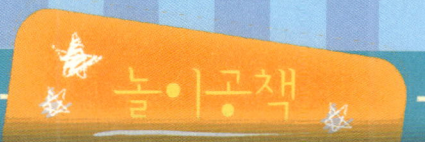

이름 :  　　　　　　　　　날짜 :

장소 :  　　　　　　　　　날씨 :

함께한 사람 :

## 오염된 물 체험하기

- 포도 주스에 넣어 둔 셀러리는 어떻게 되었나요?

- 셀러리에서는 어떤 맛이 나나요?

- 왜 그럴까요?

**함께 생각해 보세요!**

\* 내가 버린 더러운 물을 꽃이나 나무,
물고기나 동물들이 먹게 된다면 어떻게 될까요?

초록별 지구를 지키는 체험 놀이 ❹

# 하천에서 놀아요!

- 놀이 목표  (1) 하천에 사는 생물들과 친밀감을 느낄 수 있다.
  (2) 하천에 사는 생물들에게 하천은 어떤 곳일지 생각한다.
  (3) 하천에 사는 생물들을 위해 우리가 할 수 있는 일을 안다.
- 준비물  돋보기
- 장소  가까운 하천

## 놀이 방법

① 우리 동네에서 가까운 하천을 찾아보고, 나들이 계획을 세운다.
② 하천이 흐르는 모습이 잘 보이는 곳에 자리를 잡는다.
③ 물길의 모양을 말로 표현하고, 몸으로 흉내 낸다.
④ 하천에 어떤 생물들이 살고 있을지 상상해 본다.
⑤ 조용히 물가로 내려가 주변에 있는 식물이나 동물들을 관찰한다. 이때 식물이나 동물을 손으로 만지면 높은 사람의 체온 때문에 심한 스트레스를 받으므로, 돋보기를 이용해 관찰하도록 한다.
⑥ 물가에 사는 식물이나 동물 가운데 마음에 드는 친구를 골라 <놀이공책>에 그려 보고, 그 특징을 살려 이름을 붙인다.
⑦ 물가에 앉아 물고기들이 도망가지 않도록 조용히 물속을 들여다본다.
⑧ 물속 생물 가운데 마음에 드는 친구를 골라 그려 보고, 그 특징을 살려 이름을 붙인다.
⑨ 물속이나 물가에 사는 친구들은 어떤 하천을 좋아할지, 우리가 하는 행동이 하천의 생물들에게 어떤 영향을 미칠 수 있는지, 하천이 오염되거나 망가지면 어떤 일이 일어날 수 있는지, 우리가 어떻게 행동하는 것이 하천에 좋을지 이야기해 본다.

**확장 놀이**  떨어져 있는 잎사귀를 주워 나뭇잎 배를 만들어 물가에 띄워 본다. 배 모양으로 길쭉하게 생긴 나뭇잎에 다른 나뭇잎이나 작은 나뭇가지를 꽂아 돛을 만들어 주면 나뭇잎 배 완성!(유의 사항 : 식물의 나뭇잎을 직접 딸 경우에는 뿌리째 뽑지 않도록 주의한다.)

놀이공책

이름 :　　　　　　　　　　　날짜 :

장소 :　　　　　　　　　　　날씨 :

함께한 사람 :

## 하천에 사는 친구들

- 물가에서 만난 식물

특징 :
내가 붙여 준 이름 :

- 물가에서 만난 동물

특징 :
내가 붙여 준 이름 :

- 물속에서 만난 식물

특징 :
내가 붙여 준 이름 :

- 물속에서 만난 동물

특징 :
내가 붙여 준 이름 :

### 함께 생각해 보세요!

* 하천에 사는 생물 친구들에게 하천은 어떤 곳일까요?
* 하천이 오염되거나 망가지면 하천에 사는 친구들은 어떻게 될까요?

초록별 지구를 지키는 체험 놀이 ❺

# 자연을 생각하는 초록 여행

- 놀이 목표     (1) 여행을 할 때에도 환경을 지킬 수 있다는 것을 안다.
  (2) 혼자보다는 가족이 함께하면 환경을 지킬 수 있는 일이 더 많다는 것을 안다.
- 준비물     필기구, 여행할 곳(계곡, 강, 바다, 숲)을 보여 주는 사진이나 그림
- 장소     가족이 모여 이야기를 나눌 수 있는 곳

## 놀이 방법

① 바다, 계곡, 하천, 숲 등의 사진이나 그림을 보여 주고, 가장 여행 가고 싶은 곳을 고르게 한다. 왜 그곳에 가고 싶은지 이야기해 본다.

② 자연이 사람들에게 얼마나 소중한 존재인지를 이야기해 준다.

③ 많은 사람들이 여행을 하면서 자연을 괴롭혀 지구가 힘들어하고 있다는 것을 알려 준다.

④ 환경을 생각하는 '초록 여행 계획'을 세워 본다. 여행을 준비하는 동안이나, 여행을 하는 동안 지켜야 할 일에는 무엇이 있는지 이야기해 본다. 아이들이 직접 실천할 수 있는 일도 찾아본다.

⑤ 〈초록 여행 계획표〉를 완성한다.

**확장 놀이**     여행을 다녀와서 초록 여행 계획을 얼마나 잘 지켰는지 〈초록 여행 일기〉를 써 본다. 다음에 여행할 때, 이번에 만든 〈초록 여행 계획표〉와 〈초록 여행 일기〉를 살펴보고, 새롭게 초록 여행 계획을 짜 보도록 한다.

여행 날짜 :

예상 날씨 :

여행할 곳 :

여행지까지 타고 갈 교통수단 :

함께 여행 가는 사람 :

## 초록 여행 계획표

● **초록 여행을 위한 준비물**

도시락(집에서 만든 음식, 도시락을 할 만한 그릇, 사람 수만큼의 포크나 젓가락. 단 일회용품은 제외!)
모아 둔 비닐봉지 여러 개(쓰레기나 젖은 옷, 신발 담기용)
물티슈나 휴지 대신 사용할 손수건과 손걸레
목마르거나 배고플 때 먹을 친환경 간식(오이, 토마토, 과일 등)

........................................................................................ (친환경 준비물을 채워 주세요!)

● **초록 여행을 실천하는 우리 가족 환경 약속**

① 여행지에서 물을 함부로 사용하거나 더럽히지 않아요.
② 일회용품은 사용하지 않아요.
③ 쓰레기는 싸 가지고 와서 집에서 버려요.
④ 지구를 사랑하는 대중교통을 이용해요.
⑤ 친환경 음식이나 그 고장 지역 음식을 먹어요.
⑥ ........................................................................
⑦ ........................................................................

### 함께 생각해 보세요!

\* 여행 갈 때 계획한 약속은 잘 지켰나요?

\* 잘 지키지 못한 약속은 무엇인가요?

\* 왜 지키지 못했나요?

교사 부모 활용 가이드 ❶
# 주제나무

## ② 문제, 오염
지구가 아파요!(30~31쪽)
물방울 친구들에게 무슨 일이 있었던 걸까요?(32~33쪽)
자연 하천, 인공 하천이 뭐예요?(36~37쪽)
맑은 물을 오염시키는 거품이와 펑펑이!(38~39쪽)
범인을 찾아라!(42쪽)
바다야, 미안해! 우리가 지켜 줄게!(44~45쪽)
내가 만드는 환경 동화(46~51쪽)
체험 놀이❸ 깨끗한 물이 필요해요!(58~59쪽)

## ③ 실천
방울이 구출 작전(34~35쪽)
맑은 물을 보호하는 지킴이!(40~41쪽)
바다야, 미안해! 우리가 지켜 줄게!(44~45쪽)
내가 만드는 환경 동화(46~51쪽)
체험 놀이❷ 내 몸에 필요한 물(56~57쪽)
체험 놀이❹ 하천에서 놀아요?(60~61쪽)
체험 놀이❺ 자연을 생각하는 초록 여행(62~63쪽)

## ① 특성, 소중함
나는 누구일까요?(28쪽)
짝을 찾아 주세요!(29쪽)
자연 하천, 인공 하천이 뭐예요?(36~37쪽)
내가 만드는 환경 동화(46~51쪽)
체험 놀이❶ 빗소리를 들어요!(54~55쪽)
체험 놀이❷ 내 몸에 필요한 물(56~57쪽)

## 학습 목표
(1) 물의 특성을 알고, 물이 우리 생활과 밀접한 관계가 있다는 것을 깨닫습니다.
(2) 하천, 강, 바다 등 물에 사는 생명에 대해 생각하고, 그 생태적 가치를 압니다.
(3) 물이 오염되면 어떤 일이 일어날 수 있는지 압니다.
(4) 물을 아끼고 보호해야 하는 이유를 깨닫고, 그것을 실천할 수 있습니다.

## ④ 교사 부모 활용 가이드
선생님과 부모님께 드리는 글(65쪽)
본문 해설(66~67쪽)

### 〈주요 학습 개념〉
• 물은 모든 생명에게 꼭 필요한 것입니다.
• 물은 여러 가지 모습으로 우리 주변에 있습니다.
• 지구의 물은 돌고 돌기 때문에 땅이나 바다, 공기가 오염되면 물도 오염됩니다.
• 우리의 무관심한 행동이 물을 오염시킬 수 있습니다.
• 물이 오염되면, 지구에 사는 다양한 생물에게 피해를 줄 수 있습니다.
• 자연 하천과 인공 하천의 모습은 자연과 인간의 관계를 보여 줍니다.
• 우리의 조그만 노력으로 물을 보호할 수 있습니다.
• 물을 보호하는 것은 다른 생명에게 사랑을 전하는 일이기도 합니다.

## 선생님과 부모님께 드리는 글

　어릴 적 친구들과 함께 시냇가에 발을 담그며 뛰어놀던 추억이 있으시지요? 뒷산 계곡과 동네 가운데를 가로질러 흐르던 하천은 아이들에게는 최고의 놀이터였지요. 여름이면 냇가에서 시원한 물놀이를 즐기고, 물방개, 소금쟁이, 물장군, 미꾸라지를 쫓다가 신발을 잃어버리기도 했습니다. 겨울이면 꽁꽁 언 빙판 위에서 신나게 눈썰매를 지치던 기억도 떠오릅니다.

　그런데 우리 아이들에게 하천은 어떤 모습인가요?

　어릴 적 우리가 헤엄치며 놀던 맑은 강과 시내는 더 이상 찾아보기 힘듭니다. 아이들이 뛰어놀던 하천은 대부분 회색빛 콘크리트로 채워지고, 자연에서 멀어진 아이들은 오늘도 컴퓨터와 전자기기와 놀며 하루를 보냅니다. 펌프질을 해서 물을 퍼 올려 자연으로부터 물을 얻던 시절에는 플라스틱 병에 담긴 물을 사 먹게 되리라곤 상상조차 할 수 없었습니다. 넓고 넓어 그 무엇이라도 품을 것만 같았던 바다는 시커먼 기름을 뒤집어쓴 채 신음하고 있습니다.
　하지만 벌써 실망하기는 이릅니다. 우리에게는 아직 기회가 남아 있습니다.

　이 책은 우리 생활 가까이에 있는 물이 어떤 특성을 가지고 있고, 얼마나 다양한 형태로 존재하는지, 또 우리에게 얼마나 소중한 존재인지 아는 것으로 출발합니다. 또 물이 어떻게 오염되고, 그것이 돌고 돌아 지구에 어떤 영향을 미치는지, 지구를 지키고 보호하기 위해서 아이들 스스로, 혹은 가족들과 함께할 수 있는 일은 무엇인지 놀이와 체험을 통해 알 수 있도록 합니다.
　뿐만 아니라 아이들에게 우리의 작은 실천이 지구와 지구에 살고 있는 다른 생물에게 어떤 영향을 줄 수 있는지, 어떤 긍정적인 변화를 불러올 수 있는지 알려 줍니다.
　더 나아가 지구에 일어나는 안 좋은 일에 대해 막연히 두려워하기보다는 생각의 변화를 통해 적극적으로 행동하는 사람이 많아질수록 극복해 나갈 수 있는 일이라는 것을 말해 줍니다. 마지막으로 기후의 변화에 적응해 나가는 방법에 대해 알아보고, 이것을 통해 위기에 대처할 수 있는 긍정적이고 희망적인 사람이 되도록 안내합니다.
　이 책을 통해 아이들뿐만 아니라 선생님과 부모님이 먼저 환경의 소중함을 깨닫고 지구를 지키는 데 앞장서는 책임 있는 시민이 되었으면 합니다. 우리 아이들이 살아갈 밝은 미래를 꿈꾸면서 말입니다.

교사 부모 활용 가이드 ❷
# 본문 해설

### 환경 만화 '슬픔에 빠진 방울이'

친구 콩돌이를 잃고 슬픔에 빠진 방울이가 여행을 떠나면서 겪게 되는 이야기입니다. 방울이는 자기가 오염되었기 때문에 친구를 잃었다는 사실을 알고 상처받아 구름 속으로 숨어 버리지만, 다른 물방울 친구들을 만나면서 자기가 왜 오염되었는지 깨닫고 다시 깨끗해지기 위해 바다로 떠납니다. 방울이는 바다에서 시커먼 기름을 만나 다시금 위험에 빠지기도 하지만, 입 큰 물방울의 도움으로 용기를 얻고 지구를 살리기 위해 힘을 냅니다. 울창한 숲으로 내려가 깨끗한 몸을 되찾은 방울이는 빛고운 언덕을 살기 좋은 곳으로 바꾸고 행복을 되찾습니다.
아이들은 방울이와 함께 여행을 하면서 우리 주변의 물에 대해 다시 생각해 보게 될 것입니다.

### 플레이북 '깨끗한 물이 되어 줘!'

환경 만화를 통해 알게 된 물에 대해 조금 더 깊이 있게, 체계적으로 이해하도록 돕는 재미있고 다양한 놀이 활동이 실려 있습니다.
'**나는 누구일까요?**' '**짝을 찾아 주세요!**' 에서는 물의 특성을 알고, 물이 사람뿐만 아니라 모든 생명에게 꼭 필요한 것이라는 사실을 깨닫게 합니다.
'**지구가 아파요!**'에서는 공기가 오염되었기 때문에 생기는 문제를 알려 주고, '**물방울 친구들에게 무슨 일이 있었던 걸까요?**' '**자연 하천, 인공 하천이 뭐예요?**' '**맑은 물을 오염시키는 거품이와 펑펑이!**' '**범인을 찾아라!**' '**바다야, 미안해! 우리가 지켜 줄게!**'에서는 물이 얼마나 오염되었는지, 물이 오염되었기 때문에 생기는 크고 작은 문제는 무엇인지 알려 줍니다.
또 '**방울이 구출 작전**' '**맑은 물을 보호하는 지킴이!**'에서는 앞으로 우리가 해야 할 일은 무엇인지 생각해 보게 합니다.
마지막으로 '**내가 만드는 환경 동화**'에서는 아이들이 지금까지 배운 내용을 정리하면서 지구에 대한 사랑을 고백하고, 지구를 보호하기 위해 환경지킴이가 되겠다는 약속을 하도록 합니다. 또 이것을 통해 사람은 물론 동식물까지도 함께 행복하게 살아갈 수 있다는 것을 느끼고 체험하게 도와줍니다.

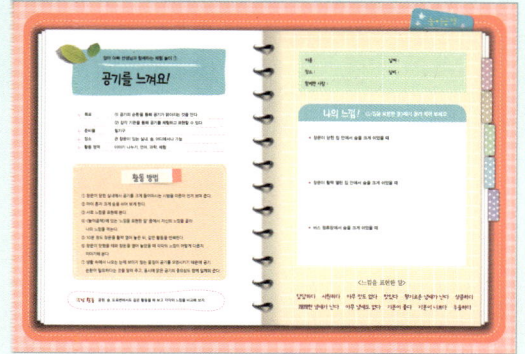

## 환경 체험 놀이 '초록별 지구를 지켜라!'

아이들이 엄마, 아빠, 선생님, 친구들과 함께 보다 직접적인 체험을 할 수 있도록 안내합니다.

**'빗소리를 들어요!'**에서는 비를 통해 물을 오감으로 체험하게 됩니다. 또 관찰 활동을 통해 물과 인간과의 관계를 느끼도록 안내해 줍니다.

**'내 몸에 필요한 물'**에서는 일상생활에서 우리가 얼마나 많은 물을 사용하고 있는지 깨닫고, 물을 보호하는 방법에 대해 생각해 보도록 합니다.

**'깨끗한 물이 필요해요!'**에서는 물이 오염되는 과정을 과학 활동을 통해 시각적으로 체험하고, 오염된 물이 인간에게 얼마나 큰 해를 입히는지 깨닫게 합니다.

**'하천에서 놀아요!'**에서는 하천에 사는 생물들을 통해 자연과 친밀감을 느끼고, 사람과 자연이 함께 어울려 살기 위해서 우리가 어떻게 행동해야 하는지 생각해 보도록 합니다.

마지막 **'자연을 생각하는 초록 여행'**에서는 여름철 휴가지에서 물을 오염시키는 행동을 반성하고, 가족과 함께 자연과 인간이 행복할 수 있는 초록 여행을 계획해 보는 체험을 할 수 있게 합니다. 동시에 가족이 함께 노력하면 환경을 보호하는 일도 신나고 재미있을 수 있다는 사실을 알려 줍니다.

아이들이 이 책에서 푸름이와 함께 환경 여행을 하는 동안 지구를 아끼고 사랑하는 사람이 될 수 있도록 좋은 안내자가 되어 주세요!

## 정답

28쪽 ················ 물

29쪽 ················

32~33쪽 ················ ②공장 | ①자동차 | ④거품 | ③쓰레기

42~43쪽 ················

---

환경아 놀자 플레이북 ❶ **깨끗한 물이 되어 줘!**

**지은이** | (사)환경교육센터·장미정  **그린이** | 김순효  **펴낸이** | 곽미순  **기획·편집** | 이은영  **디자인** | 강이경
**사진** | 환경운동연합 바다위원회 최예용(44쪽) • 환경운동연합(45쪽)

**펴낸곳** | 한울림어린이  **편집** | 전광철 이은영 박지은 이은희  **디자인** | 이미정  **마케팅** | 홍교선 김영석 이누리
**출판등록** | 2004년 4월 12일(제318-2004-000032호)  **주소** | 서울시 영등포구 당산동 6가 374번지 삼성A 상가
**전화** | 02-2635-8110 (편집부)  02-2635-1400 (마케팅부)  **팩스** | 02-2635-1415

**홈페이지** | www.inbumo.com   **블로그** | blog.naver.com/hanulimkids

**첫판 1쇄 펴낸날** 2010년 9월 15일
**ISBN** 978-89-91871-65-6  73530
이 도서의 국립중앙도서관 출판시도서목록(CIP)은 e-CIP 홈페이지(http://www.nl.go.kr/ecip)에서 이용하실 수 있습니다.(CIP제어번호: CIP2010003205)

* 잘못된 책은 바꿔드립니다.

38쪽

40쪽

56쪽